새로운

정브르

143만 구독자를 보유한 생물 크리에이터. 곤충과 파충류부터 바다생물까지 다양한 생물을 소개하는 참신한 콘텐츠를 선보이며 생물 전문 크리에이터로 큰 사랑을 받고 있답니다. 유튜브 채널에서 동물 사육, 채집, 과학 실험 등의 재미있고 유익한 영상을 소개하고 있으며, 도서와 영화를 통해 고유의 콘텐츠와 더불어 동물을 사랑하는 마음까지 대중에게 알리고 있어요.

1판 1쇄 발행 2025년 8월 29일
1판 2쇄 발행 2025년 12월 29일

발행인 | 심정섭
본부장 | 문영
편집장 | 최영미
편집자 | 이수진, 정다희
브랜드마케팅 | 황혜선, 김태정
출판마케팅 | 홍성현, 김호현
제작 | 이수행, 정수호

발행처 | (주)서울문화사
등록일 | 1988년 2월 16일
등록번호 | 제 2-484
주소 | 서울특별시 용산구 새창로 221-19
전화 편집 | 02-799-9375 **출판마케팅** | 02-791-0708
본문 구성 | 정다예 **디자인** | 권규빈
인쇄처 | 에스엠그린

ISBN 979-11-7371-459-7
　　　979-11-6438-488-4 (세트)

ⓒ정브르, ⓒSANDBOX NETWORK Inc. ALL RIGHTS RESERVED.

차례

탐구 브르의 이색 동물 탐구 노트-① • 4

1화. 만화 속 주인공을 실제로 만나다! • 6
보면 볼수록 신기한 희귀 새 • 14
정글에서 만난 전설의 동물 • 22

2화. 깡충깡충 점프하는 거미가 있다? • 28
화려한 보석 거미가 바글바글! • 35
땅강아지는 어떻게 키울까? • 43

3화. 한국에서 보기 힘든 흡혈 장어를 잡다! • 50
파란 가재 채집에 성공한 브르! • 56

4화. 거품집을 짓는 물고기의 정체는? • 62
주둥이가 길쭉한 공룡 물고기가 있다? • 68

| 탐구 | 브르의 이색 동물 탐구 노트-② • 80

5화. 동종 개체를 잡아먹는 괴생명체 • 82
잔뜩 뿔이 난 개구리 • 89
번쩍번쩍 황금빛 개구리 • 95

6화. 국제 멸종위기종 도마뱀의 번식 성공! • 102
화려한 카멜레온의 세계 • 110

7화. 브르가 처음 잡은 정글 희귀종 • 118
수마트라섬에는 어떤 동물이 살까? • 124
물리면 큰일 나는 생물이 득실득실! • 132
| 퀴즈 | 알쏭달쏭 나는 누구일까요? • 138

정답 • 142

브르의 이색 동물 탐구 노트 - ①

이색 동물의 특별한 생존 능력

일부 동물에는 '독'이라는 생존 능력이 있어요. 독에는 몸을 마비시키는 신경독과 피가 멈추지 않게 하는 출혈독이 있지요. 살모사, 두꺼비, 전갈 등에 독이 있는데, 특히 독화살개구리는 독이 있는 곤충을 먹고, 그 독을 자기 몸에 저장할 수 있어요.

동물 이름: 딸기독화살개구리

동물 이름: 스컹크

'냄새'도 동물들의 강력한 생존 능력이에요. 스컹크나 폭탄먼지벌레는 포식자가 싫어하는 지독한 냄새를 내뿜어 위험으로부터 스스로를 보호해요.

불가사리는 몸이 여러 조각으로 잘려도 다시 자라나는 '재생 능력'이 있어요. 이렇게 놀라운 능력은 사람의 병이나 상처를 치료하는 연구에도 도움이 될 수 있어요.

동물 이름: 불가사리

이색 동물의 보호색과 경계색

동물 이름: 북극여우

동물 이름: 잎꼬리도마뱀붙이

다른 동물의 공격을 피하고, 자신의 몸을 보호하기 위해 주변 환경과 비슷한 색으로 변하는 것을 '보호색'이라고 해요. 예를 들어, 북극여우는 겨울엔 눈처럼 하얗지만, 여름이 되면 흙빛에 가까운 갈색이나 회색으로 털색이 바뀌어요. 또한, '사타닉리프테일게코'라고도 불리는 잎꼬리도마뱀붙이는 낙엽 같은 색과 모양으로 쉽게 눈에 띄지 않지요.

반면, 눈에 잘 띄는 화려한 색으로 "나를 건드리지 마!" 하고 경고하는 동물도 있어요. 보통 독이 있거나 위험한 동물들이 이런 경계색을 띠지요. 예를 들어, 빨간색과 노란색 줄무늬가 있는 산호뱀, 빨간색 몸에 검은 점이 있는 무당벌레가 있어요.

동물 이름: 산호뱀

1화
만화 속 주인공을 실제로 만나다!

까맣고 귀여운 양을 만나러 가 볼까요?

귀여운 타조가 먼저 반겨 주네요.

안녕?

빼꼼

넓적부리황새라고도 하는 슈빌이에요. 부리가 구두처럼 넓적해요.

슈빌

브르, 왔어?

슈빌은 구애할 때 부리를 맞부딪히면서 달그락거리는 소리를 내는데, 이걸 클래터링이라고 해요.

지금 기분이 너무 좋아!

달그락 달그락

기분이 좋을 때나 나쁠 때도 부리를 두드리면서 감정을 표현한대요.

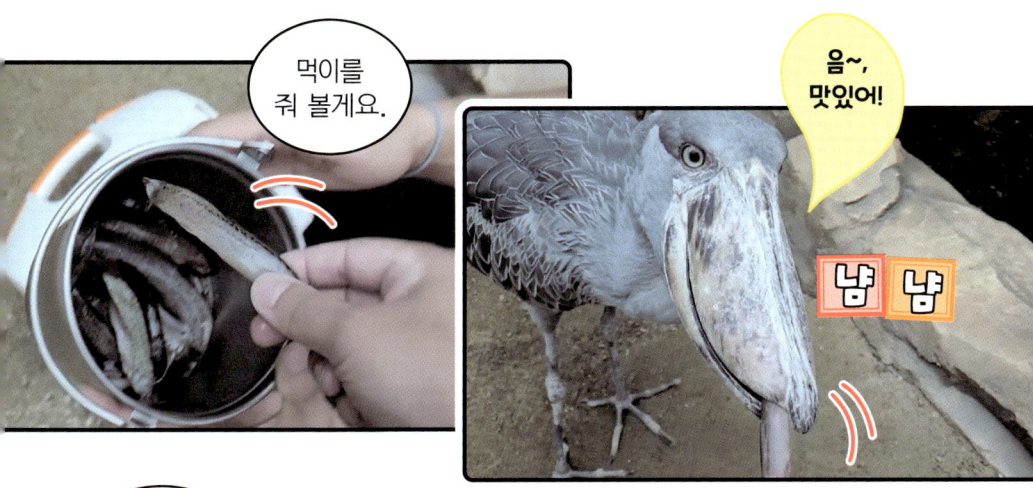

*개량: 더 좋은 성질이나 특징을 얻기 위해 사람이 만든 품종.

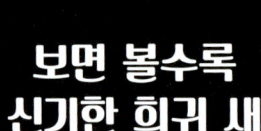

우아, 저기 개구리입쏙독새가 있어요. 나무에 *은신하고 있어서 잘 안 보여요.

쉴 때나 잘 때, 또는 사냥을 나갈 때 이런 자세를 한대요.

브린이를 위한 상식
개구리입쏙독새는 호주에 서식하며, 개구리 입처럼 크고 넓은 부리가 있어요. 색깔과 무늬가 나무껍질과 비슷해서 나무에 잘 숨어요.

개구리입쏙독새

앙증

새끼 때 모습이 정말 귀엽죠?

개구리입쏙독새(Tawny frog

쏙독새과에 속하는 새들은 입이 엄청 커요. 입을 거의 얼굴 크기만큼 벌릴 수 있어요.

부리가 엄청 큰 반면에 발톱은 다른 맹금류보다 작은 편이에요.

내 부리가 최고야!

16 *은신: 몸을 숨기고 조용히 숨어 있는 것.

브린이를 위한 상식

보통의 코뿔새는 주로 아프리카에 서식하며, 커다란 부리 위에 투구가 있어요. 투구 때문에 부리가 무거워 보이지만, 실제로는 부리 속이 비어 있어서 가볍답니다.

브린이를 위한 상식
앵무새는 조류 중에서도 화려한 깃털을 자랑해요. 주로 열대, 온대 지방에 서식하지요. 여러 마리가 함께 무리를 지어 생활하며, 나무 열매나 씨앗 등을 먹으며 살아가요.

브린이를 위한 상식

독사는 전 세계에 널리 분포해 있어요.
커다란 독니로 먹이를 물어서 독을 퍼뜨리지요.
우리나라에는 살모사, 쇠살모사 같은 독사가 서식하고 있어요.

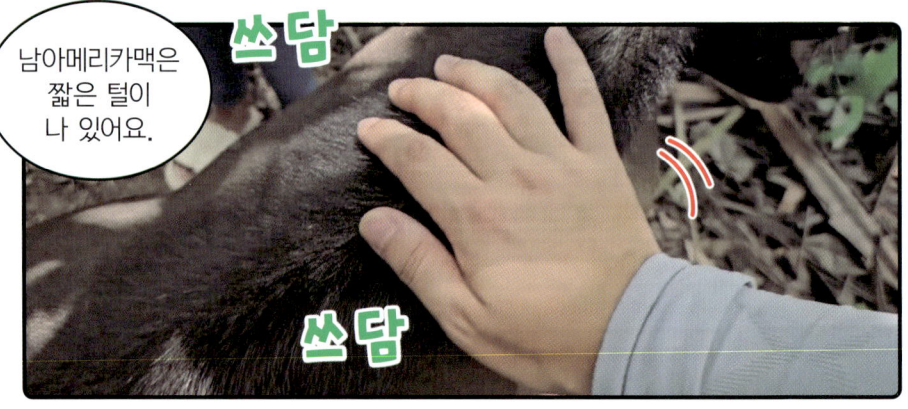

24 *기제류: 말, 코뿔소처럼 발굽 또는 발가락이 홀수인 포유류.

정브르의 동물 탐구

품종은 같은 종의 동물을 특정한 특징에 따라 나눈 것이에요. 자연적으로 생기거나, 사람이 목적을 갖고 만든 품종이 있지요.

★정브르의 동물 탐구★

동물 이름: 팔라벨라

말 중에서 특히 작은 품종이에요. 19세기 중반 아르헨티나의 팔라벨라 가문에서 만들어졌으며, 크기가 작아 반려동물로 키우기도 해요.

- 크기: 평균 70cm
- 먹이: 풀, 채소 등
- 사는 곳: 아르헨티나(원산지)

★사람이 품종을 만든다?★

농작물이나 동물의 특성을 바꿔서 사람들에게 더 유용하게 만드는 기술을 '품종개량'이라고 해요. 우리에게 익숙한 닥스훈트나 프렌치불도그도 사람이 만든 품종이지요.

품종개량으로 동물의 털이 더 풍성해지고, 새끼도 더 많이 낳을 수 있지만, 유전병이 발생하거나 동물 복지 문제가 생길 수 있어요.

닥스훈트

프렌치불도그

2화
깡충깡충 점프하는 거미가 있다?

갑자기 집에 깡충거미가 나타났어요!

줄흰눈썹깡충거미 수컷이에요.

엉덩이에 흰색 줄이 있는데, 깡충거미과에 속해요.

↓ 줄흰눈썹깡충거미

내 새끼들 보여 줄까?

왕깡충거미 암컷이에요. 깡충거미는 암컷이 수컷보다 커요.

이 친구는 알을 품고 있네요.

↓ 왕깡충거미

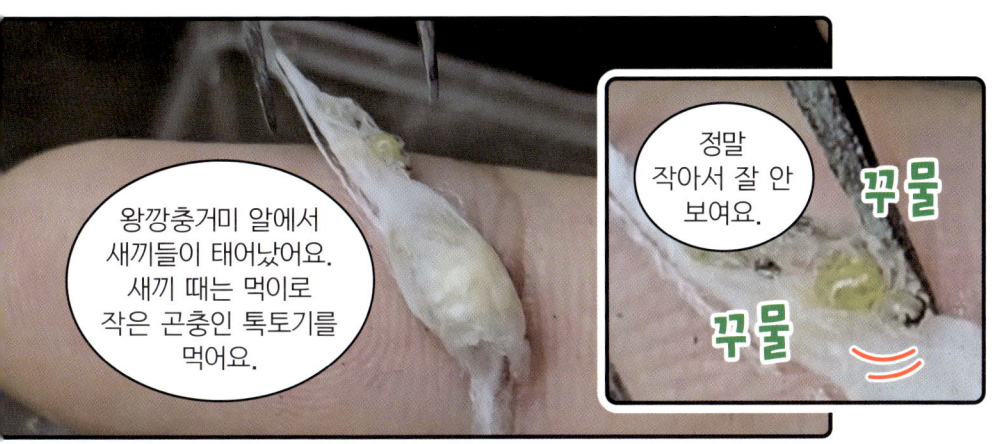

*독아: 뿌리에 독샘이 있어서 물 때 독을 뿜는 이.

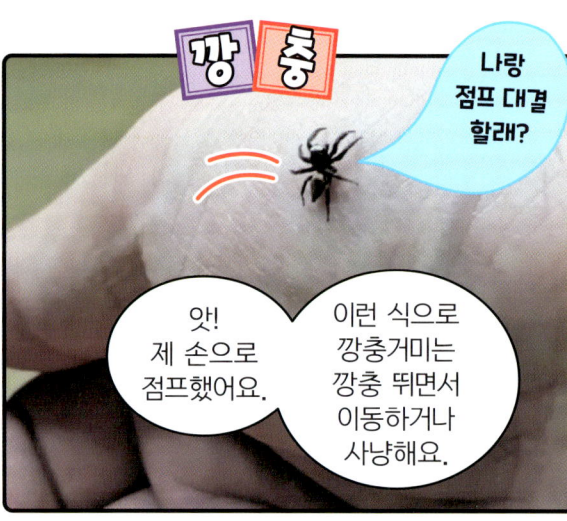

우아, 먹이를 순식간에 낚아챘어요.

깡충거미는 주로 날벌레를 사냥하는데, 대부분의 거미와 달리 사냥할 때 거미줄을 거의 안 쓰고, 점프할 때 안전용으로 사용해요.

너무 맛있다!

브린이를 위한 상식

대부분의 거미는 먹이를 사냥할 때 거미줄을 친 다음, 거미줄에 붙은 먹이를 잡아먹어요. 하지만 깡충거미는 거미줄 없이 직접 돌아다니면서 사냥을 하고, 은신처나 알집을 만들 때, 또는 높은 곳에서 내려올 때 거미줄을 사용해요.

이 친구는 흰눈썹깡충거미 암컷이에요.

동그란 눈이 정말 귀엽죠? 시력이 좋아서 사람이 먹이를 주려고 하면 받아먹으러 나오기도 해요.

암컷

밥 주게?

흰눈썹깡충거미는 눈이 8개예요. 주로 큰 눈 2개를 사용하고, 나머지 6개의 눈으로 주변을 관찰해요. 눈이 많아서 신경 쓰이는 게 많은지 자주 왔다 갔다 해요.

*유체: 다 자라지 않은 어린 상태.

브린이를 위한 상식

스파이더링은 거미를 뜻하는 'Spider'에 새끼를 뜻하는 '-ling'이 합쳐진 단어로, 새끼 거미를 의미해요. 스파이더링에서 탈피를 하면 유체가 되고, 시간이 지나면 성체로 성장한답니다.

*림프 단계: 알에서 30일 정도 지났을 때 다리가 나오는 단계.

포르믹토푸스사바나

포르믹토푸스 사바나라는 종의 새끼예요.

태어난 지 30일 정도 지나면 알에서 다리가 나오는 림프 단계를 거쳐요. 알 자체가 배 부분이 되는 거죠.

성체는 몸이 보랏빛이에요.

로우보리오너멘탈

인기가 많은 로우보리오너멘탈도 있네요.

나는 인기쟁이~.

파이어리레드럼프

다 자라면 흰색 털을 가진 대형 타란툴라가 되는 파이어리 레드럼프예요.

알을 최대 1,000마리까지 낳을 수 있어요. 유체가 좁쌀처럼 작지만, 나중에는 엄청 커져요.

더 크면 보러 와!

땅강아지는 어떻게 키울까?

오늘은 평소에 보기 힘든 땅강아지를 만나러 왔어요.

실험실 같은 이곳은 땅강아지 사육방이에요. 땅강아지가 습한 곳을 좋아해서 여기도 습하고 따뜻해요.

오늘의 주인공, 땅강아지예요! 땅속에 살아서 자연에서는 발견하기 어려워요.

땅강아지의 영어 이름은 mole cricket인데, 두더지(mole) 귀뚜라미(cricket)라는 뜻이에요.

나는 땅속이 좋아!

브린이를 위한 상식
땅강아지는 메뚜기목에 속하는 곤충으로, 몸 전체가 갈색을 띠고 있어요. 주로 땅을 파고 들어가 땅속에서 생활하며, 식물의 뿌리나 줄기, 작은 곤충 등을 먹으며 살아가요.

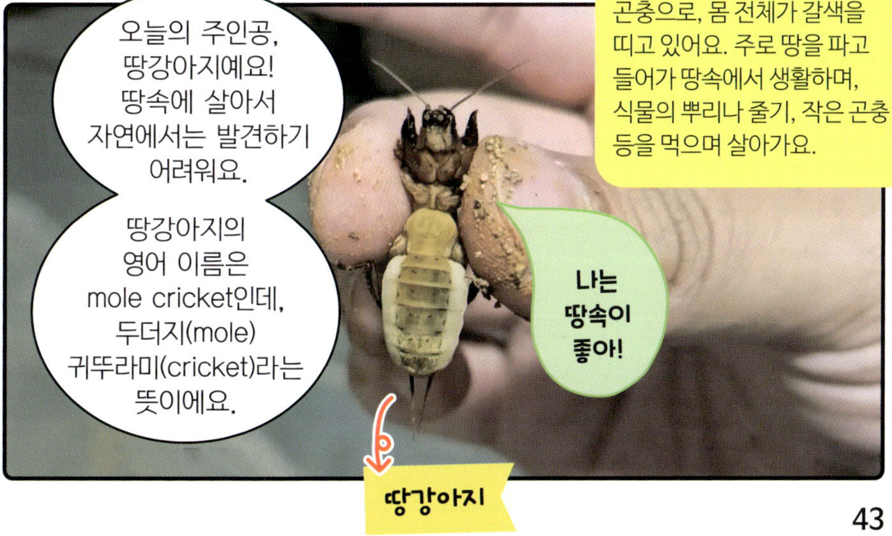

땅강아지

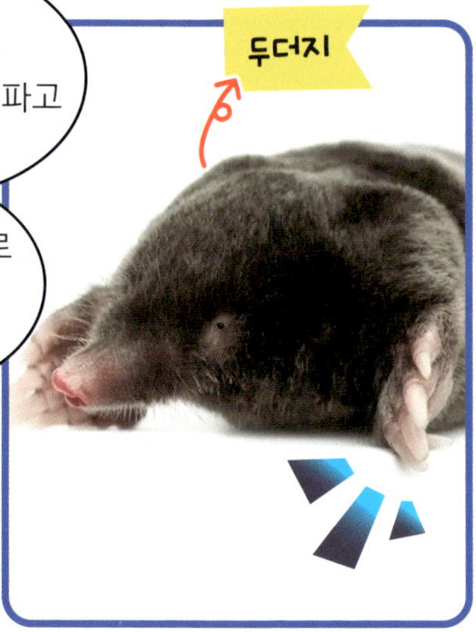

*표면장력: 물이 팽팽하게 잡아당기는 힘.

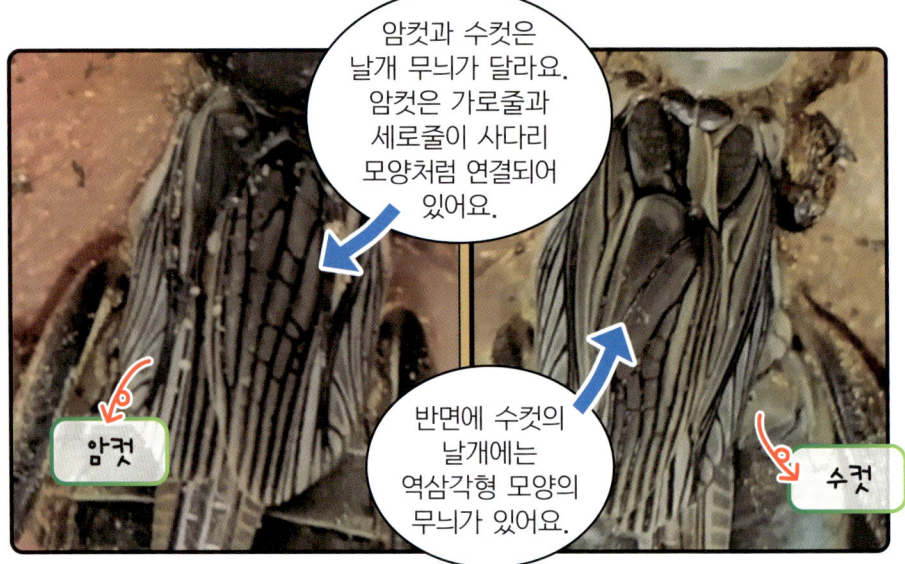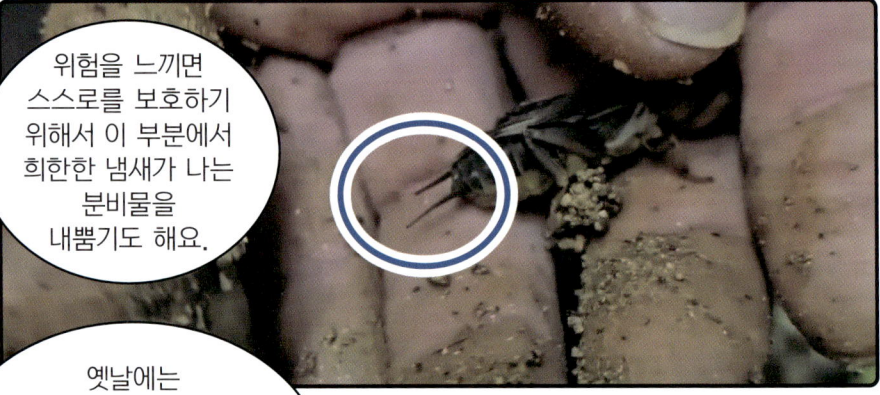

정브르의 동물 탐구

거미줄은 거미 배의 아래쪽 끝에 있는 돌기에서 나오는 가는 실이에요.
거미는 이 거미줄로 집을 짓거나 먹이를 사냥해요.

★정브르의 동물 탐구★

동물 이름: 낙타거미

낙타거미는 거미줄을 못 만들어요. 가장 앞에 있는 길쭉한 다리로 먹이를 붙잡고, 입 근처에 있는 날카로운 구조물로 먹이를 잘라 먹지요.

- 크기: 최대 15cm
- 먹이: 곤충
- 사는 곳: 사막지대, 열대지방

영상으로 확인해 봐요!

★사람이 만드는 인공 거미줄★

거미줄은 질기고 튼튼하지만, 거미 한 마리가 만들 수 있는 양에는 한계가 있어요. 그래서 사람들은 거미줄처럼 튼튼한 실을 많이 만들기 위해 인공 거미줄을 연구하고 있어요. 인공 거미줄은 옷이나 물건을 만들 때 사용할 수 있어요.

또한, 거미줄에서 특정 성분만 뽑아내어 화장품, 자동차, 의료 등 여러 분야에 활용하려는 연구도 진행되고 있어요.

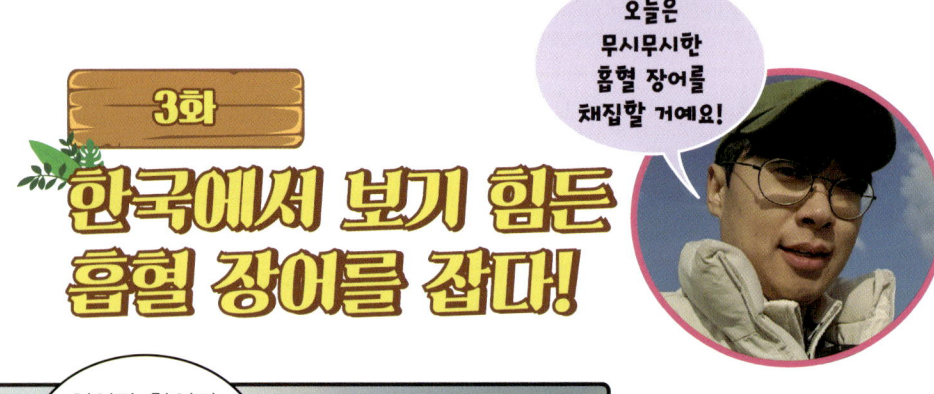

3화
한국에서 보기 힘든 흡혈 장어를 잡다!

오늘은 무시무시한 흡혈 장어를 채집할 거예요!

연어랑 황어가 많이 드나드는 *기수 지역에 왔어요.

족대를 가지고 흡혈 장어를 찾아 볼게요.

좌 앗

반가워!

앙 증

꾹저구가 가장 먼저 잡혔어요. 우리나라에서는 기수 지역에만 사는 민물고기인데, 망둑어랑 비슷하게 생겼어요.

검정망둑

꾹저구

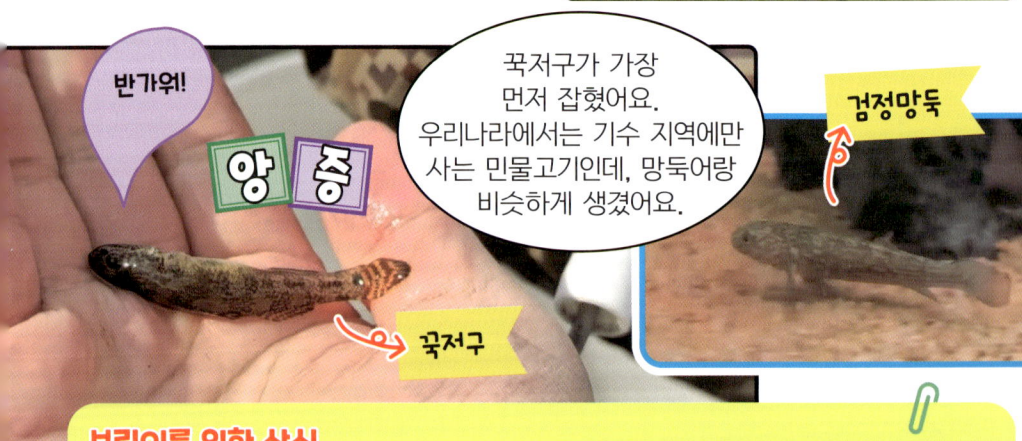

브린이를 위한 상식
꾹저구는 망둑어과에 속하는 물고기로, 약 12~15cm까지 성장해요. 망둑어과의 다른 물고기들처럼 좌우의 배 지느러미를 합쳐서 흡반(다른 동물이나 물체에 달라붙기 위한 기관)처럼 활용할 수 있고, 벽에도 붙을 수 있어요.

*기수 지역: 바닷물과 민물이 만나는 곳.

브린이를 위한 상식
칠성장어는 몸 옆에 7개의 아가미구멍이 있어서 '칠성'장어라고 불러요. 바다에서 생활하다가 산란할 때가 되면 강을 거슬러 올라가 산란한 뒤, 다시 바다로 돌아가요.

동자개

동자개 새끼예요. 낚싯대로 잡아 올리면 가슴지느러미를 부딪쳐 '빠각빠각' 소리를 낸다고 해서 빠가사리라고도 불러요.

주로 5~7월에 번식을 하는데, 여름이 되면 암컷 몸이 *혼인색으로 변한대요.

잔가시고기

오, 잔가시고기예요. 가시고기는 수풀에 자기만의 영역을 만들고, 짝을 지어 한 쌍이 함께 생활하는 물고기예요.

나도 보호해 줘~.

큰가시고기

가시고기

가시고기에는 큰가시고기, 가시고기, 잔가시고기가 있어요.

이 가운데 가시고기만 보호종으로 지정되어 있어요.

*혼인색: 동물의 번식기 때 나타나는 화려한 발색.

오늘은 100만 분의 1의 확률로 태어난다는 파란 가재의 서식지에 가 볼게요.

파란 가재가 많이 발견되는 계곡에 도착했어요.

가재는 야행성이라 이곳에 통발을 던져 놓고 밤에 와서 확인할 거예요.

미끼로 삼겹살을 가져왔어요.

삼겹살

새우 통발

삼겹살을 넣은 양파망을 통발에 넣었어요.

미끼를 넣은 양파망이나 마늘망을 통발의 가운데에 설치하면 더 잘 잡혀요.

평평한 곳에 설치한 첫 번째 통발

브린이를 위한 상식

다슬기는 물살이 빠르고 물이 깊은 곳에 서식하는 연체동물이에요. 몸길이는 평균 20~25mm이며, 달팽이와 비슷하게 생겼어요. 주로 물고기의 배설물이나 이끼를 먹는데, 덕분에 물을 깨끗하게 만드는 데 도움을 줘요. 그래서 '하천 청소부'라고도 하지요.

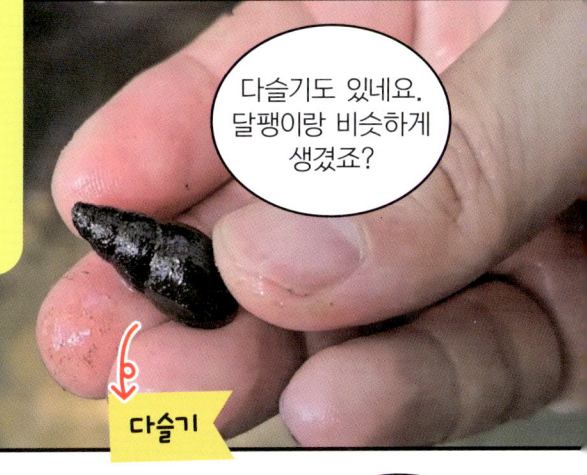

다슬기

소금쟁이

소금쟁이는 다리가 길어요.

부리로 물속에 있는 곤충이나 물고기의 사체를 빨아먹어요.

부리

우리나라 토종 암컷 가재가 *포란을 한 모습이에요. 야생 가재는 알을 품은 채 *동면에 들어가는 경우가 많아요.

몇 시간 후

밤에 통발을 확인하러 다시 계곡에 왔는데, 파란 가재를 바로 발견했어요!

나를 찾았어?

브린이를 위한 상식

파란 가재는 돌연변이라고 할 수 있어요. 부모에게 없던 새로운 특징이 나타나는 현상을 '돌연변이'라고 해요. 주로 유전자나 염색체의 구조에 변화가 생기면서 나타나지요. 가재의 색깔이 파란색으로 바뀐 데에는 색소 성분과 관련 있다는 의견이 있는데, 아직 정확한 원인은 밝혀지지 않았어요.

*포란: 알이 잘 자라도록 몸으로 품고 돌보는 것.
*동면: 겨울 동안 활동을 멈추고 자거나 쉬는 것.

우아, 이 친구는 수컷이에요.

파란색 가재가 유전이라는 의견도 있는데, 파란색으로 색이 변한 데에는 환경적 원인이 더 클 거예요.

환경적 원인으로는 가재가 *카로틴을 충분히 섭취하지 못해서 몸속 단백질과 결합할 색소가 부족하거나,

물의 성질이나 영양분에 따라서 *키틴질이 변형되었기 때문이라는 의견이 있어요.

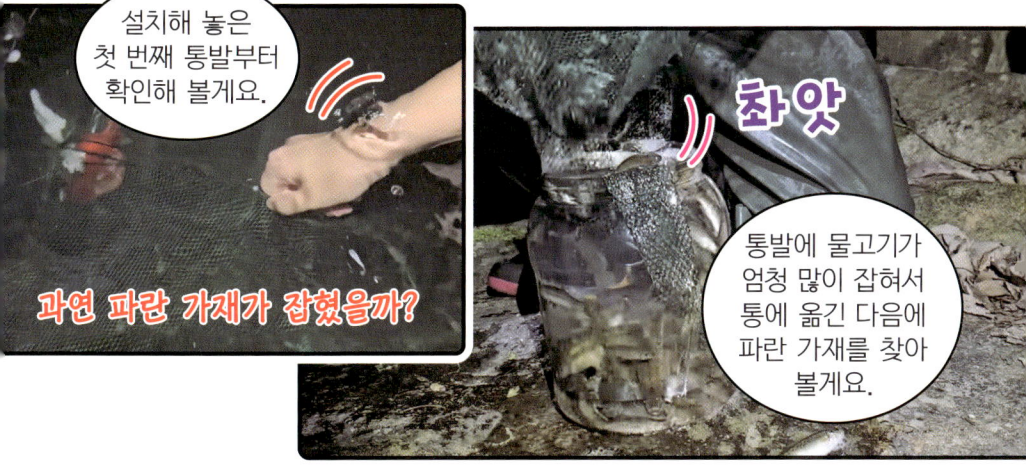

설치해 놓은 첫 번째 통발부터 확인해 볼게요.

과연 파란 가재가 잡혔을까?

좌앗

통발에 물고기가 엄청 많이 잡혀서 통에 옮긴 다음에 파란 가재를 찾아 볼게요.

*카로틴: 당근 뿌리나 고추에 들어 있는 붉은빛 색소.
*키틴질: 곤충이나 갑각류의 딱딱한 껍데기를 이루는 물질.

정브르의 동물 탐구

전갈과 투구게는 같은 협각류에 속하는 절지동물이에요. 그중 투구게는 현재 거의 남지 않은 해양 협각류지요.

★정브르의 동물 탐구★

동물 이름: 투구게

중생대에 등장해 수억 년 동안 변하지 않은 살아 있는 화석이에요. 사람과 달리 피에 헤모시아닌이라는 단백질이 들어 있어서 피 색깔이 파란색이에요.

- 크기: 최대 80cm
- 먹이: 연체동물, 물고기 등
- 사는 곳: 얕은 바다, 갯벌 등

영상으로 확인해 봐요!

★지구의 역사, 살아 있는 화석!★

화석이란 지질시대에 살았던 생물의 뼈나 흔적이 남아 있는 것을 말해요. 그리고 화석으로 발견된 생물과 비슷하며, 관련된 다른 종이 없는 생물을 '살아 있는 화석'이라고 해요.

대표적으로 고생대 캄브리아기부터 지금까지 비슷한 모습을 하고 있는 앵무조개와 멸종된 줄 알았지만 살아 있는 것이 발견된 바다나리가 있어요.

앵무조개

바다나리

4화
거품집을 짓는 물고기의 정체는?

이빨이 날카로운 아프리카 열대어를 만나러 왔어요!

붉은색 종류의 디스커스가 반겨 주네요. 브라질에 서식하는 친구예요.

안녕?

디스커스

같은 디스커스인데 조금 다르게 생겼죠?

개체마다 색이나 무늬가 조금씩 달라서 새로운 *종자를 데려와 번식하기도 해요.

*종자: 번식이나 생산을 목적으로 수입한 개체.

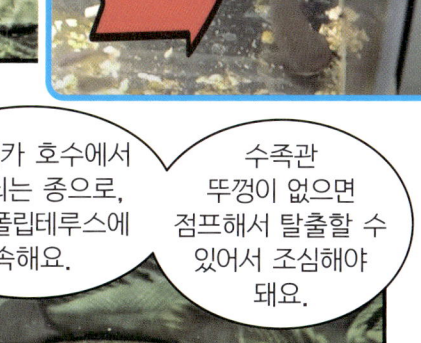

브린이를 위한 상식

폴립테루스는 아프리카에 서식하는 민물고기예요. 생김새에 따라 다양한 종으로 분류되며, 기록된 적 없는 새로운 종이 계속 발견될 만큼 다양한 종이 있어요.

폴립테루스는 머리에 있는 기문으로 숨을 쉬어요.

브린이를 위한 상식

폴립테루스의 머리에는 기문이 있어요.
기문은 호흡을 도와주는 작은 숨구멍이에요.
폴립테루스는 수면 가까이 올라가
머리의 기문을 열어 공기를 들이마신 뒤,
다시 닫는 과정을 반복하면서 숨을 쉬어요.

이 친구는 몸에 독특한 무늬가 있네요.

나 좀 멋지지?

폴립테루스 데르헤지

*여과기로 사용하는 뼈산호예요. 크기가 큰 뼈산호는 물을 깨끗하게 유지하는 데 도움을 줘요.

뼈산호 구멍 사이사이에는 미생물이 살고 있어요. 물이 흐를 때마다 이 미생물들이 물속 오염 물질을 분해해 줘요.

여과기

*여과기: 액체를 걸러 내는 데 쓰는 기구.

최근에 카디널테트라가 알을 낳아서 이 어항에 *치어가 있다는데, 너무 작아서 안 보여요.

카디널테트라는 완전히 어두운 곳에서 번식해야 한다고 알려져 있지만 치어가 부화하면 약한 밝기의 조명은 괜찮아요.

나이지리아에서 온 아프리칸파이크카라신이에요. 이 친구가 바로 거품집을 짓는 물고기예요.

아프리칸파이크카라신

나 찾았어?

브린이를 위한 상식

아프리칸파이크카라신은 이름처럼 아프리카에 서식하는 열대어예요. 날카롭고 뾰족한 이빨이 있어서 작은 물고기, 곤충 등을 잡아먹어요. 그래서 '이빨 고기'라고도 부르지요. 거품집을 만들어 산란한 뒤, 부모가 함께 거품집에 있는 새끼들을 돌봐요.

최근에 출산을 했는데, 약 800마리 정도 태어났대요. 알을 많이 낳지만, 치어들끼리 서로 잡아먹어서 다 살아남지는 못해요.

태어난 지 얼마 안 된 물고기들

아프리칸파이크카라신은 큰 거품을 만들어 둥지를 짓고, 거품집에 산란하는 특이한 물고기예요.

*치어: 알에서 깨어난 지 얼마 되지 않은 어린 물고기.

비슷한 예로, 개구리도 거품집을 만들어서 알을 붙여 산란하고, 사마귀도 거품집이라고 부르는 알집에 알을 낳아요.

습도나 물의 온도를 실제 자연환경과 비슷하게 맞춰 주면 거품집을 유지하는 데 도움이 될 거예요.

사마귀 알

얼마 전까지만 해도 어항의 3분의 1이 거품집으로 가득했는데, 치어들이 헤엄쳐 다니기 시작하면서 거품집이 많이 사라졌대요.

아프리칸 파이크카라신의 치어는 눈이 크고, 머리도 큰 편이에요.

입을 뻐끔거리는 모습이 귀엽죠?

뻐끔

뻐끔

주둥이가 길쭉한 공룡 물고기가 있다?

이곳에 공룡 물고기라고 불리는 고대 생물이 있대요!

일본 쏘가리

일본 쏘가리예요. 일본에서는 쏘가리를 '아카메'라고 불러요. '빨간 눈'이라는 뜻인데, 이름처럼 눈이 빨개요.

우리나라 쏘가리는 몸에 뚜렷한 표범 무늬가 있어요.

중국 쏘가리는 우리나라 쏘가리랑 지느러미는 비슷한데, 체형이 달라요.

한국 쏘가리

중국 쏘가리

천연기념물인 황쏘가리도 있어요. 쏘가리랑 비슷하지만, 몸이 황금색인 희귀종이에요.

브린이를 위한 상식
황쏘가리는 전 세계에서 유일하게 우리나라의 한강 유역에서만 발견되는 희귀한 물고기로, 천연기념물 제190호로 지정되어 보호받고 있어요.

엄청 큰 열목어가 있네요. 송어과에 속하는 민물고기인데, 몸에 반점이 있어요.

열목어는 등지느러미와 꼬리지느러미 사이에 기름지느러미가 있어요. 작고 둥근 모양의 지느러미인데, 뼈가 없어서 부드러워요.

가시고기

귀여운 가시고기도 있어요. 가시고기는 알을 낳으면 수컷이 둥지 근처를 지켜요. 그래서 부성애가 강한 물고기로 알려져 있지요.

아빠가 지켜 줄게!

종어

우리나라에서 *절멸된 종어예요. 현재 인공 양식으로 복원하고 있대요.

브린이를 위한 상식

종어는 주로 모래와 진흙이 깔린 큰 강의 하류에 서식하는 민물고기예요. 과거에는 한강, 금강과 같은 우리나라의 강에도 서식했지만, 무분별한 포획과 수질 오염 등의 이유로 1970년대 이후로는 발견되지 않고 있어요.

우리를 보호해 줘!

크기는 최대 1m까지 자라요.

*절멸: 자연적 또는 인위적인 이유로 더 이상 존재하지 않게 된 것.

브린이를 위한 상식
아메리카주걱철갑상어는 오리너구리를 떠올리게 하는 기다란 주둥이가 특징이에요. 주둥이에 있는 감각기관으로 물속의 플랑크톤이 내는 약한 전기장을 느낄 수 있지요. 또한, 주둥이가 없더라도 다른 감각기관을 사용해서 먹이를 찾아낼 수 있어요.

우아, 오늘의 주인공 아메리카주걱철갑상어예요. 정말 신기하게 생겼죠?

아메리카주걱철갑상어

길고 납작한 주둥이가 배를 움직일 때 사용하는 패들을 닮았다고 해서 '패들피쉬'라고도 불러요.

패들

패들처럼 생긴 납작한 주둥이

우리의 역사가 좀 길지!

약 6,500만 년 전부터 살아온 종이라 살아 있는 화석이라고도 해요.

예전에는 중국에서도 발견되었는데, 지금은 북아메리카의 미시시피 강에서만 살고 있어요. 총 8종 중에서 6종이 멸종했대요.

브린이를 위한 상식

중국주걱철갑상어는 평균 3m, 최대 7m의 몸길이를 자랑하는 거대한 민물고기예요. 아메리카주걱철갑상어와 달리 어류나 갑각류를 잡아먹지요. 과거에는 중국에 서식했지만, 개체 수가 계속 줄어들어, 현재는 멸종되었어요.

중국주걱철갑상어는 중국 칼날고기 또는 코끼리 물고기라고도 불러요.

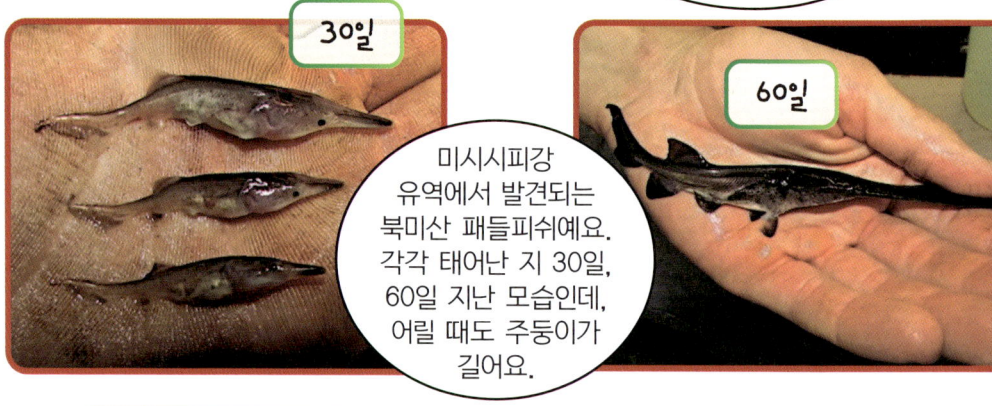

30일 / 60일

미시시피강 유역에서 발견되는 북미산 패들피쉬예요. 각각 태어난 지 30일, 60일 지난 모습인데, 어릴 때도 주둥이가 길어요.

엄청 크죠? 다 자라면 2m가 넘어요.

살아 있는 화석인 아메리카주걱철갑상어를 실제로 봐서 너무 신기해요.

정브르의 동물 탐구

복어의 몸속에는 테트로도톡신이라는 신경독이 있어요.
이처럼 독이 있는 동물들은 생김새가 특이한 경우가 많아요.

★정브르의 동물 탐구★

동물 이름: 슈테데니복어

몸 윗부분에 검은 반점이 있어서 '점박이콩고복어'라고도 불려요. 이빨이 평생 자라기 때문에 이를 닳게 해 줄 수 있는 단단한 먹이를 주는 게 좋아요.

- 크기: 약 10cm
- 먹이: 실지렁이, 달팽이 등
- 사는 곳: 산호초 주변, 얕은 바다

영상으로 확인해 봐요!

★무시무시한 물속 동물들의 독★

육지뿐만 아니라 물속에도 독이 있는 생물이 많아요. 대표적으로 복어, 해파리, 가오리 등이 있는데, 대부분 스스로 독을 만들지만 독이 있는 먹이를 먹고 독을 얻기도 해요.

독은 성분에 따라 몸을 마비시키는 마비성 독과 구토와 설사를 일으키는 설사성 독 등으로 나뉘어요. 이러한 독을 연구해서 병을 고치거나 기술을 발전시키는 데 쓰기도 해요.

보름달물해파리

얼룩매가오리

브르의 이색 동물 탐구 노트 - ②

생김새가 특이한 이색 동물

동물 이름: 리본장어

리본장어는 리본처럼 몸이 길고 화려해요. 곰치과에 속하는 물고기로, 살면서 성별이 바뀐다는 특징이 있어요. 처음에는 모두 수컷으로 태어나지만, 일부는 자라면서 암컷으로 변해요.

안데스콘도르는 목에 흰 목도리를 두른 것처럼 생긴 새예요. 안데스산맥에 서식하며, 날개 길이가 최대 3.2m로 아주 커요. 날 수 있는 새들 중에서 거대한 편에 속하지요.

동물 이름: 안데스콘도르

동물 이름: 마타마타거북

마타마타거북은 나무껍질처럼 울퉁불퉁한 등껍질과 낙엽처럼 생긴 머리 덕분에 가만히 숨어 있으면 식물처럼 보여요. 먹잇감이 가까이 다가오면 큰 입으로 한 번에 빨아들여 통째로 삼켜요.

벌거숭이두더지쥐는 두더지처럼 굴을 파고, 온몸에 털이 없어요. 비슷한 크기의 쥐나 햄스터가 2~3년 사는 반면, 30년 이상 살 수 있지요. 또한, 산소가 거의 없는 곳에서도 오래 버틸 수 있어요.

동물 이름: 벌거숭이두더지쥐

동물 이름: 긴코원숭이

긴코원숭이는 이름처럼 코가 아주 길어요. 암컷은 코끝이 뾰족하지만, 수컷은 뭉툭하고 더 길지요. 수컷은 짝짓기를 하거나 다른 수컷과 경쟁할 때, 이 긴 코로 멋진 모습을 뽐내요.

가는손부채게는 양쪽 집게발에 말미잘을 들고 다녀요. 말미잘은 '자포'라는 독침 주머니가 있는데, 다른 동물이 가까이 오면 톡 쏘며 공격하지요.
말미잘을 무기처럼 사용해 스스로를 보호하고, 적에게 반격하기도 해요.

동물 이름: 가는손부채게

5화
동종 개체를 잡아먹는 괴생명체

괴생명체처럼 생긴 친구는 누구일까요?

정말 큰 픽시프록이에요. 이빨이 엄청 날카로워서 물리면 아파요.

내가 좀 커!

큼직

픽시프록

브라질리언팩맨

브라질에 서식하는 브라질리언팩맨이에요. 뿔개구리과에 속해요.

이 친구는 몸에 붉은색인 부분이 많아서 이름에 '하이레드'라는 말이 붙었어요.

하이레드오네이트팩맨

*근연종: 서로 가까운 친척 관계인 생물.

잔뜩 뿔이 난 개구리

이곳에 낙엽처럼 생긴 개구리가 있대요!

과연 만날 수 있을까?

눈이 특이하고, 크기가 큰 달팽이예요.

예쁘게 생긴 개구리도 발견했어요.

여치예요. 더듬이가 굉장히 길죠?

이거 놔!

우아, 거미가 자기 몸집보다 큰 알집을 품고 있어요.

내 새끼는 내가 지킨다!

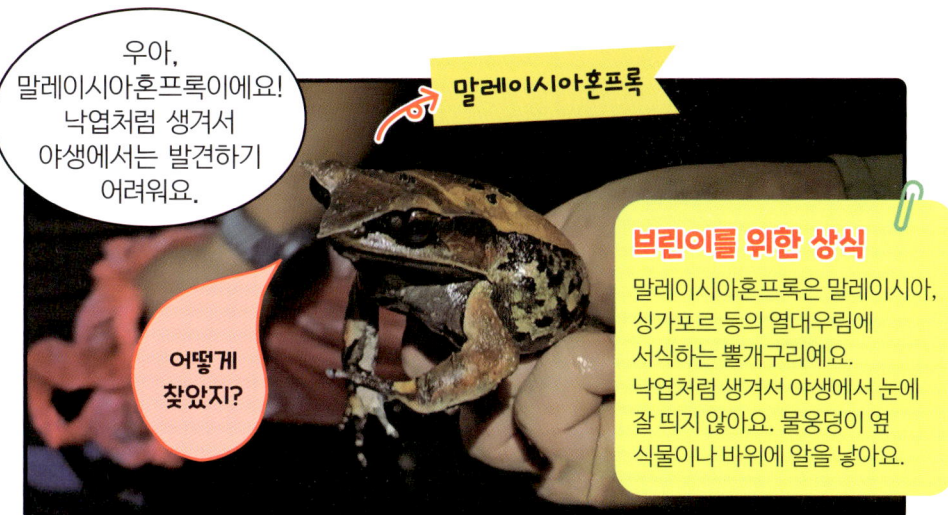

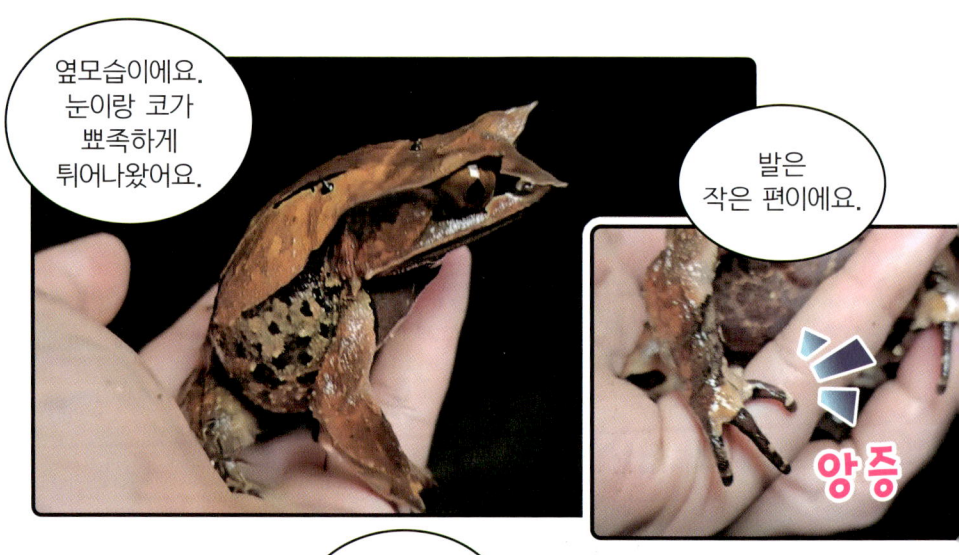

*위장: 동물이 몸의 색깔이나 모양을 주변 환경과 비슷하게 바꾸는 것.

번쩍번쩍 황금빛 개구리

정글처럼 꾸며진 곳에 놀러 왔어요.

실제 자연을 그대로 옮겨 놓은 것처럼 꾸며진 비바리움이에요! 어떤 친구들이 살고 있을까요?

브린이를 위한 상식

비바리움은 자연환경을 그대로 옮겨 놓은 듯한 사육장이에요. 흙, 식물, 습도 등을 조절해 동식물이 실제 서식지처럼 살 수 있도록 만든 작은 생태계이지요. 진짜 자연을 들여다보는 듯한 느낌을 줄 수 있어서 사육사들에게 인기가 많아요.

비바리움 아래쪽에 킬리피쉬가 있네요.

여기 너무 좋아!

킬리피쉬

킬리피쉬의 수명은 약 1년이지만, 더 오래 사는 경우도 있어요.

실제 자연처럼 꾸며 놓은 사육장

내가 제일 작을걸?

슈퍼실리아리스

마다가스카르에만 서식하는 슈퍼실리아리스예요. 크기가 정말 작아서 피그미카멜레온에 속해요.

브린이를 위한 상식

피그미는 아주 작은 생물에게 붙이는 이름이에요. 피그미카멜레온은 몸길이가 최대 10cm도 안 될 만큼 작아요. 아프리카의 숲이나 사바나에 서식하며, 나뭇잎처럼 생긴 몸 덕분에 풀숲에 숨으면 잘 안 보여요.

주로 초파리나 귀뚜라미, 작은 곤충을 잡아먹어요.

밥 줘!

슈퍼실리아리스의 새끼예요. 피그미카멜레온은 보통 알을 2~3개만 낳는대요.

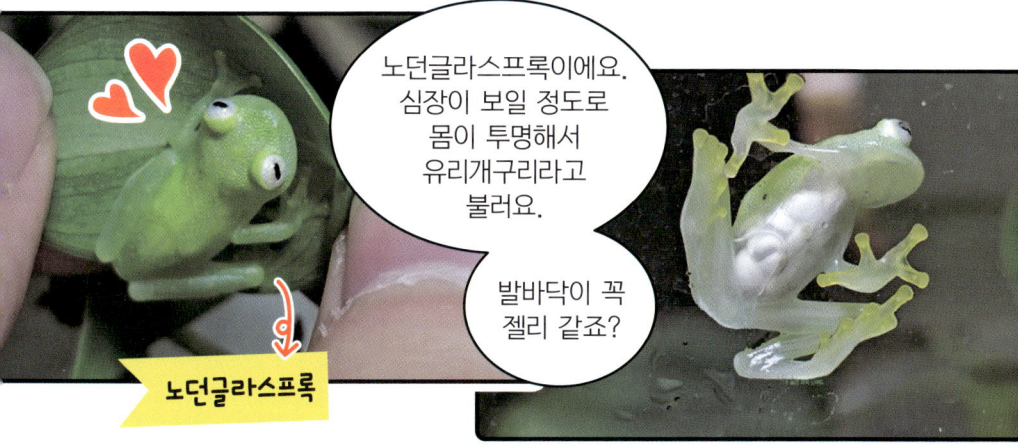

노던글라스프록

노던글라스프록이에요. 심장이 보일 정도로 몸이 투명해서 유리개구리라고 불러요.

발바닥이 꼭 젤리 같죠?

아브로니아

아브로니아는 남아메리카에 서식하는데, 멸종위기종이라 굉장히 보기 힘들어요.

머리에 뿔 같은 돌기가 있어서 용처럼 보여요.

골든만텔라

우아, 오늘의 주인공 골든만텔라예요.

마다가스카르에 서식해요.

브린이를 위한 상식

골든만텔라는 노란색이나 주황색에 가까운 황금빛을 띠는 개구리로, 마다가스카르의 고유종이에요. 서식지가 제한적이고, 개체 수가 줄어들어서 멸종위기에 놓여 있어요.

초파리에 분말을 묻혀서 줘 볼게요. 먹이에 영양 보충용 분말을 묻혀서 주는 과정을 더스팅이라고 해요.

더스팅을 통해서 사육하는 동물이 비타민을 충분히 섭취할 수 있어요.

밥이다!

초파리

정브르의 동물 탐구

개구리는 양서류에 속하며, 긴 혀로 먹이를 사냥하고
튼튼한 뒷다리의 근육을 이용해 멀리 뛸 수 있어요.

★정브르의 동물 탐구★

동물 이름: 블랙아이트리프록

배 아래쪽이 주황색이며, 이름처럼 새까만 눈이 매력적인 개구리예요. 습하고 나무가 많은 곳에 서식하며, 물 위의 바위나 식물에 알을 낳아요.

· 크기: 평균 6cm
· 먹이: 곤충
· 사는 곳: 열대우림, 아열대우림

영상으로 확인해 봐요!

★개구리는 어떻게 성장할까?★

개구리는 주로 알을 낳는 난생 방식으로 번식해요.
알에서 태어난 새끼를 올챙이라고 하는데,
팔다리가 없고 아가미로 호흡해요.
올챙이는 시간이 지나면서 뒷다리와 앞다리가 생기고,
꼬리가 점점 작아지다가 개구리 모습으로 변해요.

이처럼 올챙이에서 개구리로 성장하는 과정을
'프로그렛' 단계라고도 해요. 완전히 자란
개구리는 폐와 피부로 호흡해요.

개구리 알

성장 중인 올챙이

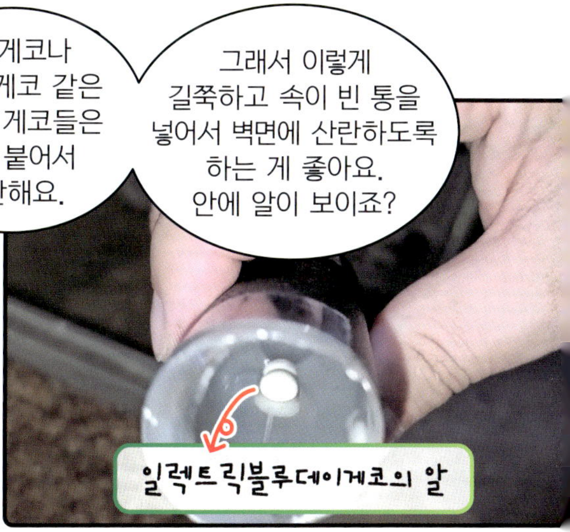

브린이를 위한 상식

사이테스(CITES)는 멸종위기에 처한 생물을 보호하기 위해 국제 거래를 제한하는 협약이에요. 일렉트릭블루데이게코는 심각한 멸종위기에 처해 있어서 사이테스 1급으로 지정되어 보호받고 있어요.

*난막: 알을 싸고 있는 막.

브린이를 위한 상식

팬서카멜레온은 화려하고 다양한 색깔로 인기가 많아요. 지역과 서식 환경에 따라 색과 무늬가 다양하며, 주로 지역의 이름을 따서 종류를 구분해요.
마다가스카르의 동부와 북부에 분포하며, 열대우림이나 사바나 등에 서식해요.

*배아: 아직 부화는 하지 않았지만 알에서 자라고 있는 생명체.

정브르의 동물 탐구

거북은 파충류에 속하며, 주변 환경에 따라 몸의 온도가 변해요. 그래서 대부분의 종이 따뜻한 지역에 서식하지요.

정브르의 동물 탐구

동물 이름: 좁은다리사향거북

땅에 올라오지 않고 물속에서만 서식하는 완수생 거북이에요. 물이 얕고, 천천히 흐르는 곳에 살지요. 발가락 사이에 물갈퀴가 있어서 수영을 잘해요.

· 크기: 평균 10~15cm
· 먹이: 곤충, 무척추동물 등
· 사는 곳: 열대우림

변온동물 vs 정온동물

파충류, 양서류처럼 주변 환경에 따라 몸의 온도가 변하는 동물을 변온동물이라고 해요. 변온동물은 햇볕을 쬐어 몸을 데우거나, 물속에 들어가 몸을 식혀요. 그래서 반수생 거북이나 바다이구아나가 육지에 올라와 일광욕을 하는 거지요.

반면, 주변 환경과 상관없이 몸의 온도를 일정하게 유지하는 동물을 정온동물이라고 해요. 사람을 포함한 포유류, 조류가 정온동물에 속해요.

반수생 거북

바다이구아나

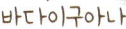

7화
브르가 처음 잡은 정글 희귀종

신기한 생물이 가득한 정글로 가 볼까요?

우리나라에서 보기 힘든 생물을 채집하러 정글에 야간 탐사를 왔어요.

열대 식물이 가득한 정글

와글러핏바이퍼라는 *교목성 독사예요.

입을 벌리고 위협하고 있는데, 엄청 공격적이에요.

캬악!

조용히 지나가라!

와글러핏바이퍼

118 *교목성: 나무 위에서 생활하는 습성.

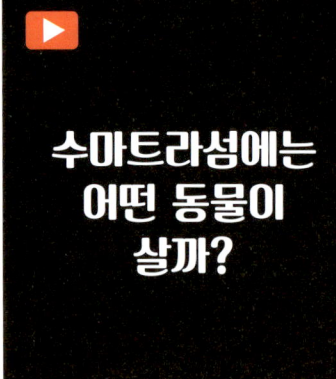

브린이를 위한 상식

상아란 코끼리의 코 옆으로 길게 뻗어 나온 엄니를 뜻해요. 엄니는 코끼리의 앞니가 길게 자란 것으로, 주로 수컷들이 서로 경쟁하거나 포식자로부터 무리를 지킬 때 사용하지요. 옛날부터 도장이나 공예품 등을 만드는 데 사용되었지만, 무분별한 포획으로 지금은 많은 나라에서 상아 거래를 엄격하게 제한하고 있어요.

엄청난 크기의 악어

가비알 악어

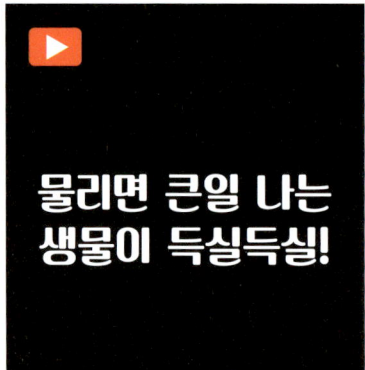

브린이를 위한 상식

지네는 다리가 많은 다지류로, 영어로 'centipede(센티패드)'라고 불러요. 먹이를 잡을 때 사용하는 가장 앞에 있는 다리를 '턱다리'라고 하는데, 턱다리에 독샘이 있어요. 지네에게 물리면 통증이 생기거나 알레르기 반응이 나타날 수 있어요.

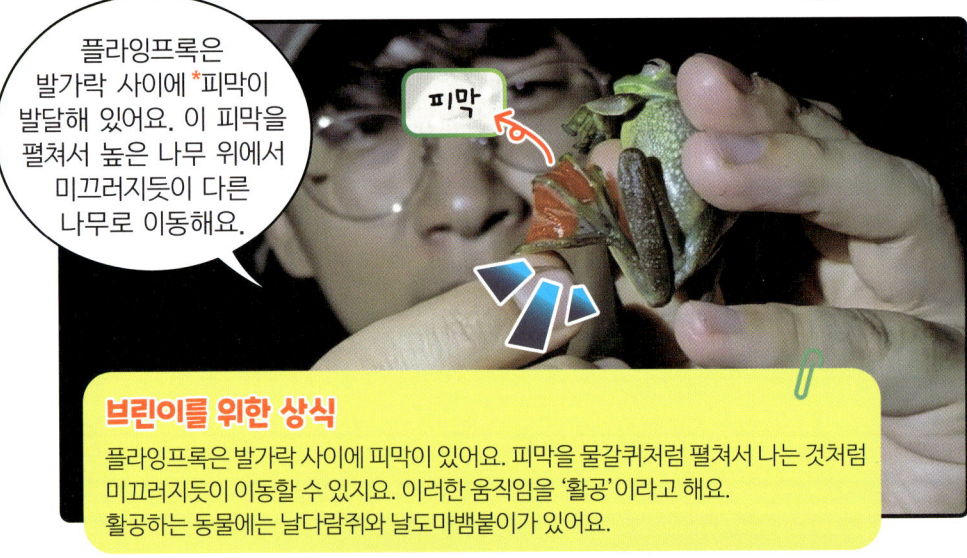

브린이를 위한 상식

플라잉프록은 발가락 사이에 피막이 있어요. 피막을 물갈퀴처럼 펼쳐서 나는 것처럼 미끄러지듯이 이동할 수 있지요. 이러한 움직임을 '활공'이라고 해요. 활공하는 동물에는 날다람쥐와 날도마뱀붙이가 있어요.

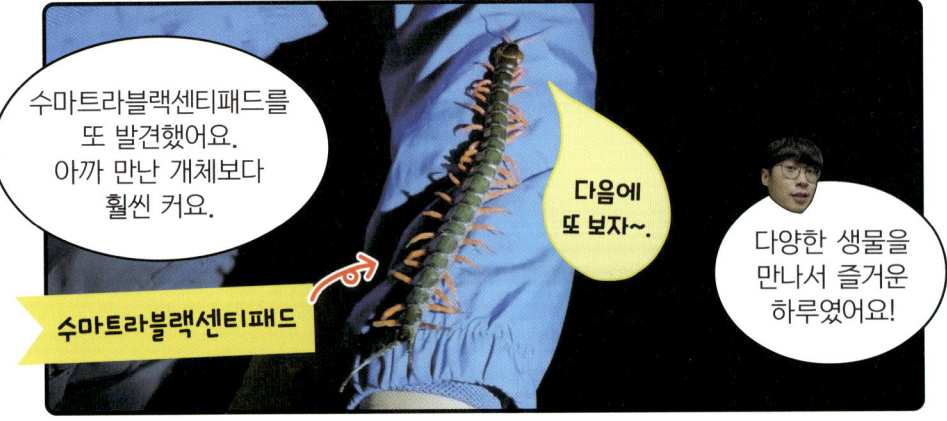

*피막: 발가락 사이에 있는 얇은 막.

정브르의 동물 탐구

지네는 절지동물의 한 종류인 순각강에 속하며, 열대 기후에서 온대 기후까지 넓은 지역에 서식해요.

★정브르의 생물 탐구★

생물 이름: 아마존왕지네

아마존왕지네는 세상에서 가장 큰 지네로, 몸이 굵고 무거워요. 다른 절지동물뿐만 아니라 개구리, 작은 뱀 등 다양한 동물을 잡아먹는 포식자예요.

· 크기: 30cm 이상
· 먹이: 파충류, 작은 포유류 등
· 사는 곳: 열대우림, 바위 밑 등

영상으로 확인해 봐요!

★자연에서 찾은 약, 한의학★

한의학은 우리나라 전통 의학으로, 사람의 몸을 자연의 법칙에 빗대어 설명해요. 조선시대에 쓰인 《동의보감》같은 책을 보면, 옛날부터 이어져 온 우리나라의 의료 지식을 알 수 있지요.

한의학에서는 식물뿐만 아니라 동물도 약재로 사용해요. 특히 지네를 말려서 만든 약재를 '오공'이라고 부르며, 경련이나 염증을 치료하는 데 사용하기도 해요.

지네

알쏭달쏭 나는 누구일까요? - ①

동물의 일부분이 나온 사진과 브르의 힌트를 보고
동물의 이름을 맞혀 보세요.

1

· 브르의 힌트 ·

· 호주에 서식해요.

· 개구리 입처럼 넓고 큰 부리가 있어요.

· 몸 색깔이 나무껍질과 비슷해요.

정답:

2

· 브르의 힌트 ·

· 부리 위에 거대한 투구가 있어요.

· 몸 전체에 검은색과 흰색의 깃털이 있어요.

· 주로 아프리카에 서식하며, 과일, 곤충, 작은 동물을 잡아먹어요.

정답:

누구게?

3

· 브르의 힌트 ·

· 코끼리와 코뿔소를 섞어 놓은 듯한 생김새예요.

· 상상 속 동물 이름에서 따와 '맥'이라고도 불러요.

· 풀을 뜯기 좋은 납작한 어금니가 있어요.

정답:

4

· 브르의 힌트 ·

· 주둥이가 납작하고 길어요.

· 고대 생물로, '살아 있는 화석'으로 불러요.

· 먹이를 발견하면 입을 크게 벌려 빨아들여요.

정답:

알쏭달쏭 나는 누구일까요? - ②

동물의 일부분이 나온 사진과 설명을 보고
동물 이름을 찾아 연결해 보세요.

앞발이 두더지와 비슷하게 생겼고, 땅을 잘 파요.

발레블랙노즈
· 크기: 약 70~80cm
· 먹이: 풀, 채소, 과일 등
· 사는 곳: 산지의 목초지

시력이 좋고, 먹이를 사냥할 때 깡충 뛰어요.

흰눈썹깡충거미
· 크기: 약 6~8mm
· 먹이: 작은 곤충, 무척추동물
· 사는 곳: 숲, 정원, 풀밭 등

스위스 발레 지방에서 유래된 품종으로, 암컷과 수컷 모두 뿔이 있어요.

땅강아지
· 크기: 약 3~3.5cm
· 먹이: 식물의 뿌리, 지렁이 등
· 사는 곳: 땅굴

낙엽처럼 생겨서 야생에서 눈에 잘 띄지 않아요.

칠성장어

- 크기: 약 40~50cm
- 먹이: 작은 물고기
- 사는 곳: 바닷가 근처

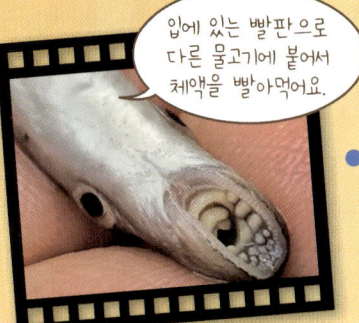

입에 있는 빨판으로 다른 물고기에 붙어서 체액을 빨아먹어요.

말레이시아 혼프록

- 크기: 약 7~15cm
- 먹이: 곤충, 작은 파충류 등
- 사는 곳: 열대우림

선명한 주황색 피부가 경계색의 역할을 하며, 피부에 있는 독성 물질로 스스로를 보호해요.

골든만텔라

- 크기: 약 2~3cm
- 먹이: 작은 곤충, 진드기 등
- 사는 곳: 마다가스카르의 습지

정답

138~139p

1
정답: 개구리입쏙독새

3
정답: 타피르

2
정답: 흑백투구코뿔새

4
정답: 아메리카주걱철갑상어

140~141p

발레블랙노즈

흰눈썹깡충거미

땅강아지

칠성장어

말레이시아혼프록

골든만델라

생생 자연관찰 탐구 어드벤처

브린이를 위한
자연 관찰 어드벤처!
1권 출간!

브르와 함께 떠나는 흥미진진한 아마존 탐험, 지금 시작합니다!

흥미진진한 스토리!

생생 탐험 일지!

정브르. ©SANDBOX NETWORK.   서울문화사

신기하고 재미있는 동물 퀴즈를 풀어요!

생물 유튜버 정브르와 함께

어린이 첫 생물 탐구 도감

200쪽 | 값 15,000원

180쪽 | 값 15,000원

알쏭달쏭 퀴즈를 풀며 동물 세계를 탐구해요!

사진과 영상으로 생생하게 동물을 관찰해요!

ⓒ정브르. ⓒSANDBOX NETWORK.

서울문화사
구입 문의: 02-791-0700